मेरी दुनिया

निशा सारसर

Copyright © Nisha Saarsar
All Rights Reserved.

This book has been published with all efforts taken to make the material error-free after the consent of the author. However, the author and the publisher do not assume and hereby disclaim any liability to any party for any loss, damage, or disruption caused by errors or omissions, whether such errors or omissions result from negligence, accident, or any other cause.

While every effort has been made to avoid any mistake or omission, this publication is being sold on the condition and understanding that neither the author nor the publishers or printers would be liable in any manner to any person by reason of any mistake or omission in this publication or for any action taken or omitted to be taken or advice rendered or accepted on the basis of this work. For any defect in printing or binding the publishers will be liable only to replace the defective copy by another copy of this work then available.

दुनिया में एक दौलत ऐसी भी है जिसे कमाया नहीं जाता सिर्फ पाया जा सकता है लेकिन इस दौलत की कद्र हर कोई नहीं कर सकता। जिसके पास है उसे कद्र नहीं और जिसके पास न हो उसे ही इसकी अहमियत मालूम है। मेरी ज़िन्दगी की पहली मोहब्बत मेरे माँ-बाप और आखरी भी। इनके बिना मैं कुछ भी नहीं।

मैं अपनी इस पुस्तक को अपने माँ-बाप को समर्पित करना चाहती हूँ।

निशा सारसर

क्रम-सूची

प्रस्तावना vii

भूमिका ix

1. उनका दिल एक सुल्तान की तरह था 1
2. बुआ की शादी 3
3. दुखों का आगाज़ 6
4. मम्मी का ऑपरेशन 12
5. बड़ी बहन की 15
6. छोटी बहन की 18
7. पापा की प्रमोशन 21
8. भाई की शादी 24
9. उनका नाम राजकुमारी 29
10. वो 33

• v •

प्रस्तावना

आज मैं ख़ुदा से कुछ नहीं मांगना चाहती ।
न ही दौलत और न ही शौहरत, जितना
मिला है बहुत है। मेरी उम्र ज्यादा नहीं
है सिर्फ 25 साल। मुझे सादगी बहुत
पसंद है। बचपन से इस परवरदिगार में
बहुत ध्यान रहा। कोशिश तो बहुत की
कि अपनी ज़िन्दगी दूसरों की तरह ही
जी जाए जैसा की समाज का मानना है
लेकिन फिर भी इस कादर की तरफ़
खिंची चली गयी ...न जाने क्यों?
वक़्त ने बहुत कुछ सिखाया या फिर ये कहूँ
कि मैंने वक़्त से बहुत कुछ सिख लिया।
जहाँ तक मेरी सोच है, दुनिया में सबसे
प्यारा कुछ है, तो वो सिर्फ माँ-बाप ...अब
आप ही सोचिये हमारी ख़ूबियों और
ख़ामियों को सिर्फ़ और सिर्फ़ हमारे माँ-
बाप ही अपना सकते हैं और कोई नहीं। उनकी मोहब्बत बेशर्त
होती है और
ऐसी मोहबब्त सिर्फ खुदा के पास है और
किसी के पास नहीं।

*****

भूमिका

मुझे याद है वो पल जब मैं बहुत छोटी थी और मेरी मम्मी एक मंदिर की छोटी सी दिवार पर बैठी थी। हाथ में हलवा पूरी का प्रशाद और में जैसे-जैसे खेलकर मम्मी के पास आती तो वो मेरे मुहँ में एक निवाला डाल देती। ये एहसास बहुत अच्छा था।

मैं घर में सबसे छोटी थी। जहाँ तक मुझे याद है सबसे ज्यादा प्यार मुझे मेरी माँ ही करती है। मेरे तीनों बहिन भाइयों को प्यार करने के लिए मेरे पापा और मेरे पापा के रिश्तेदार ही बहुत थे। मुझे अपने पापा से बहुत डर लगता था। लेकिन मुझे यह नहीं पता था कि एक दिन ऐसा भी आएगा कि मैं अपने पापा की सबसे प्यारी बेटी बन जाउंगी।

बचपन में मेरे साथ बहुत भेदभाव हुआ- पहला की मैं अपने माता पिता की तीसरी बेटी थी और दूसरा मेरा रंग सांवला था। सभी मेरी मम्मी से कहते की आपकी दोनों बेटियां बहुत सुन्दर हैं। आस-पास के सभी रिश्तेदार उन्हीं को प्यार करते लेकिन गलती से मेरी तरफ कोई ध्यान नहीं देता सिवाय मेरी माँ के। मुझे क्या कहना है, क्या पहनना है, सिर्फ मेरी माँ को मालूम था। लेकिन तब तक मुझे ये नहीं पता था कि हमारे समाज में इंसान का रंग भी

मायने रखता है। लड़के का रंग सांवला हो
तो चल जाता है लेकिन लड़की का नहीं,
ऐसी हमारे समाज की मान्यता है।
मैंने कई बार देखा है मेरे बहन-भाई को
सभी प्यार करते थे। जैसे मेरे दादा जी मेरे
भाई और बड़ी बहिन को बहुत चाहते थे।
छोटी बहिन को भी बहुत प्यार मिलता था। लेकिन मैं हमेशा से
अनदेखी रही।
लेकिन मेरी माँ ने कभी मेरा साथ नहीं
छोड़ा। जब मेरे रंग की वजह से मेरा
मजाक बनाया जाता तो वो
हमेशा कहती कि, “देखो मेरा रंग भी तो
सांवला है और तुम मुझ पर हो” और इतने
में, मैं अपनी माँ से लिपट जाती।
मेरी माँ मुझे कहती कि जिस दिन मैं पैदा
हुई तो उस दिन छोटी दिवाली थी और
हमारे घर में लक्ष्मी आई थी। ये शब्द मन
की शांति के लिए अच्छे थे। जिसका
ज़िन्दगी से कुछ लेना देना नहीं।
वक़्त बीतता रहा। मेरा ध्यान सिर्फ और
सिर्फ पढने में लगता था और मैं कुछ लोगों
से अपनी दुरी बना कर रहने लगी जिन्हें
मेरी मौजूदगी शायद पसंद नहीं थी।
मालूम नहीं था कि वक़्त इतनी जल्दी
बदल जायेगा।
मैं ग्रेजुएट हो गई और मेरे पिता जी मेरे
मार्गदर्शक बन गए। उसके बाद मैं
पोस्ट-ग्रेजुएट होने ही वाली थी तो
शायद भगवान को ये मंज़ूर नहीं हुआ कि
मैं अपने पिता का और सहयोग ले सकूं।

आज तक वो पल इस दिल से नहीं जाते
कि जिस इंसान से सभी कुछ न कुछ
उम्मीद लगाये बैठे थे और जिस पर सभी
निर्भर रहना चाहते थे। वो नहीं रहा।
मुझे याद है मेरे फ़ोन में आय लव माय
डैड का वॉलपेपर था जिसे मेरे पापा ने
देखा था। मेरे पापा जल्दी से अपनी दिल
की बात किसी से नहीं कहते थे। लेकिन
जब मेरे पापा ज्यादा परेशां होते तो मुझसे
वो बातें साँझा करते।
कितनी भाग्यशाली थी मैं कि मेरे पिता
जिनसे सभी अपनी बात कहने से कतराते
थे और डरते भी थे। वो कई बार अपनी
सबसे छोटी बेटी से अपनी परेशानियों का
ज़िक्र करते, हो सकता है कि कई बार
उनके दिल पर भी किसी ने आहत किया
हो। कुछ उलझनों से वो निकलना चाहते
हों। अफ़सोस मैं इसमें उनका साथ न दे
सकी लेकिन कहीं न कहीं मेरा दिल उनके
लिए बहुत रोता है। लोकडाउन के वो दिन
जब मैंने अपने पापा को बहुत करीब से
जाना। मेरे पापा से सब इसलिए डरते थे
क्योंकि मेरे पापा स्पष्ट बात कहते थे। स्पष्ट
कहना या सुनना किसी को पसंद नहीं और
ये आदत मुझमें भी है। जब कोई गलत
बात होती तो मैं अपने पापा से भी उस
पर कई बार बहस करती। लेकिन इसका
मतलब ये तो नहीं था कि मैं उनसे प्यार
नहीं करती थी। मैं आत्मनिर्भर हो गयी
लेकिन ये देखने के लिए मेरे पापा नहीं है।

भूमिका

इस वक़्त मुझे सबसे ज्यादा जरूरत अपने माता-पिता की थी लेकिन अब मेरे पास सिर्फ माँ है।

जिस दिन मेरे पापा गुजरे उस दिन मेरा फाइनल एग्जाम था। हिम्मत करके एग्जाम दिया और घर में पापा का शव था। उसके सपने नहीं टूटने चाहिए यही सोच कर मैंने अपनी हिम्मत जुटाई। मेरी ज़िन्दगी अभी ठीक से शुरू भी नहीं हुयी थी और भगवान ने मुझ पर दुखों का पहाड़ तोड़ दिया। आज भी मेरे साथ मेरी माँ है और कोई नहीं। मैं बिना बाप की हो गयी रिश्तेदार तो दूर खुद के भाई-बहिन ने ये भी नहीं पूछा कि तुझे किसी चीज की ज़रूत है? मैंने खुद को संभाला और अपनी खुद हिम्मत बनी। ये सोचकर कहीं मुझे टुटा हुआ देखकर मेरी माँ न टूट जाए।

लेकिन वक़्त का सितम देखिये जिस इंसान ने सब के लिए इतना कुछ किया आज उसे कोई याद नहीं करना चाहता। मेरे ख्यालों से शायद मेरे पापा कभी नहीं जायेंगे।

क्यों? मैं भी नहीं जानती।

मेरी दादी के लिए और मेरे लिए मेरे पापा को भुलाना नामुमकिन है। क्योंकि दादी ने पापा को जन्म दिया था और पापा ने मुझे और अपनी संतान को भुलाना मुश्किल होता है। तो फिर मैं अपने पिता को कैसे भूल जाऊं?

उनके साथ रहने वाला हर शख्स शायद ही उन्हें भुला पाए। मैं फिर भी भगवान से कोई शिकायत नहीं करना चाहती क्योंकि दुनिया में ऐसे भी लोग हैं जिन्होंने शायद कभी अपने माँ-बाप को देखा नहीं। जब उनकी शिकायतें नहीं सुनी जाती तो मेरी क्या सुनी जाएगी। और आज मैं अपनी कलम से अपनी माँ – बाप के साथ बिताये गए हर उस पल को याद करके इस किताब में लिखना चाहती हूँ। वो पल जो हमने साथ बिताये थे एक ख़ुशहाल परिवार की तरह।

मेरे माता-पिता

मेरी दुनिया

„

1
उनका दिल एक सुल्तान की तरह था

अक्सर पापा बताया करते थे कि कैसे उन्होंने संघर्ष करके अपने परिवार का पालन पोषण किया था और कैसे उनके परिवार के सभी लोग उनपर निर्भर थे। सुनकर तो ऐसा ही लगता था कि मेरे पिता को सिर्फ अपने परिवार की ही फ़िक्र थी।

मेरे पापा अपने भाई-बहनों में सबसे बड़े थे इसलिए उनपर जिम्मेदारियां भी बहुत थी। अपने लिए पापा कहाँ जिए मुझे मालूम नहीं! मैंने तो उन्हें हमेशा ऐसे ही देखा कि आज माँ की दवाई भेजनी है आज उनके पिता जी बीमार है! आज छोटे भाई की शादी है! अब घर

बनवाना है!

बहुत हिम्मत वाले थे मेरे पापा जो इतना सबकुछ संभाल गए। अपने बहन-भाइयों के जीवन को संवार गए।

मेरी यादाश्त बहुत तेज़ है इसलिए मुझे सब याद है। बचपन से लेकर अब तक जो भी हुआ वो सब।

तीसरी बेटी होने की वजह से शायद पापा मुझे प्यार न करते लेकिन मेरे पापा सबसे ज्यादा मुझसे ही प्यार करते थे।

2
बुआ की शादी

2004 में मेरी सबसे छोटी बुआ की शादी थी। मैं शायद 6-7 साल की थी। मेरे पापा ने शादी का पूरा बंदोबस्त किया था। लेकिन उस शादी में मेरे पापा शामिल नहीं हो पाए थे क्योंकि पापा अपने हरियाणवी गीत की एल्बम बना रहे थे और मेरे पापा उस वक़्त बहुत व्यस्त थे। मेरे पापा कुछ वक़्त के लिए ही शादी के दिन ही गाँव में आये थे पर जो उससे पहले हमारे साथ जो व्यवहार हुआ वह असहनीय था।

मेरे साथ और मेरे भाई-बहन के साथ और मेरी माँ के साथ। मेरे दादा-दादी, चाचा-चाची और बुआ, ये सब हमसे ऐसे बात करते जैसे हमने गाँव में आकर बहुत बड़ी गलती कर दी हो। कभी मुझे डांट लगाते तो कभी

मेरी बड़ी बहन को । कभी बुआ के बच्चे भाई के साथ लड़ते तो कभी चाचा-चाची हमें नजरअंदाज करते। जब खाने का समय होता तो हमें कोई नहीं पूछता और परिवार के सभी बच्चों को खाना परोस दिया जाता।

और मेरी प्यारी माँ, भोली-सी ये सब देखकर भी चुप रहती इसलिए की उसे रिश्तों में संतुलन बनाये रखना था।

मुझे याद है इस शादी में मेरे नाना भी आये हुए थे।

तब मेरे बुआ के बेटे ने मेरे नाना को गाली दी थी। क्यों? मुझे नहीं पता और मैंने भी उसे कह दिया कि तेरे नाना ऐसे होंगे।

बाद में, मेरी माँ ने मुझे बताया कि, "उसके नाना तुम्हारे दादा है ऐसे नहीं बोलते बेटा!"

ये अंतर था मेरी माँ की शिक्षा में और मेरी बुआ की शिक्षा में।

जब मेरी बुआ की शादी हो गयी तो अगले दिन मेरी बुआ पगफेरे के लिए आई। मेरी माँ ने सिर्फ इतना ही पूछा था कि कैसी हो?

मेरी बुआ के बोलने का तरीका बहुत गलत था जो मुझे पसंद नहीं आया।

मेरी माँ पुरे परिवार में गरीब घर से आई थी लेकिन इसका मतलब ये नहीं कि जब किसी का दिल चाहे, कोई भी उन्हें कुछ भी बोल दे। ये बहुत ही गलत बात थी।

शायद यहीं से में सही और गलत समझने लगी थी।

उसके बाद मेरी माँ हम सभी बहन-भाई को अपने मायके ले गयी। यहाँ सभी हमसे बहुत प्यार करते थे। मेरे नाना बहुत ज्यादा उम्र के थे लेकिन फिर भी हमारे लिए बहुत- सी चीजें लेकर आते थे।

यहाँ भी मेरे दादा और नाना में कई मात्रा में अंतर था।

परवरिश में बहुत अंतर था और लहज़े में भी।

3
दुखों का आगाज़

कम उम्र में कमाई करने के लिए पापा गाँव से चंडीगढ़ आये। यहाँ मजदूरी करने के साथ-साथ पढाई भी की और नौकरी भी की। लेकिन उन्हें किसी का समर्थन नहीं मिला जैसे आज मुझे मिला है। बस उनके पिता चाहते थे की बड़ा बेटा है तो अपनी जिम्मेदारी निभाए, अपने छोटे भाई-बहन की ज़िन्दगी बनाये। क्या कुछ नहीं किया पापा ने ? वो सब कुछ किया जिससे उनके परिवार को ख़ुशी मिल सके। लेकिन परिवार ने क्या किया "धोखा"।

इस परिवार के कारण मेरी पापा की पहली शादी बर्बाद हो गई इसलिए कि मेरे पापा का घर आबाद न हो। बस मेरे पापा कमाए और अपने भाई-बहनों का करते रहें।

पापा की पहली पत्नी को संतान नहीं हुयी और इस बात से शायद वो भी परेशां रहीं होंगी। उनकी शादी को 5 साल हो गए थे। इस परिवार ने ही ताने दिए होंगे और उन्हें बहुत कुछ कहा होगा ऐसा मेरा मानना है।

मुझे याद है पापा कहते थे कि, 'जब मैं चंडीगढ़ आया तो मैं सिर्फ 13 साल का था और हमारे पास घर नहीं था हम लोग एक झुग्गी में रहते थे और काम करते थे। उस झुग्गी के बदले हमें घर बनाने के लिए सरकार ने जगह दी थी।'

जो आज चंडीगढ़ में हमारा घर है।

पापा की परीक्षा अभी खत्म नहीं हुयी थी कि मेरी दादा जी ने उनकी शादी कर दी। उनकी शादी बॉम्बे में हुयी थी। पापा ने बताया थी कि वह इतनी दूर शादी नहीं करना चाहते थे। लेकिन दादा जी की बात भी माननी जरुरी थी।

शादी पापा की! ये बात शायद परिवार के बाकि लोगों को हजम न हुयी और वो इसलिए , कि घर बसाने के

बाद पापा सिर्फ अपने परिवार के बारे में सोचेंगे (यहाँ बात आर्थिक स्थिति की है)।

और शायद यही सबकी नजर उन्हें लग गई। शादी के 5 साल बाद कोई संतान न होना बहुत दुःखदाई था। इसलिए पहली पत्नी ये सहन न कर सकी। पापा की पहली पत्नी ने

ख़ुदकुशी कर ली। क्या इसमें पापा का दोष था या उनके परिवार का? या फिर इस समाज का? नहीं मालूम।

मेरे पापा की मेहनत देखते हुए मुझे कभी ऐसा नहीं लगा कि इसमें मेरे पापा का दोष था और अगर था भी तो क्या होगा? जो इंसान अपने परिवार के बारे में सोचता था क्या वो अपने घर-संसार के बारे में नहीं सोचता होगा?

इसके बाद से शायद उन्हें अपने लिए कभी समय नहीं मिला

कि वों अपने लिए समय निकाल पाते वों सिर्फ दूसरों के लिए जिए।

कुछ समय बाद पापा की शादी मेरी माँ से हो गयी बहुत ही सादगी से। लेकिन यहाँ भी परिवार ने वही किया जो पहली माँ के साथ किया था पर मेरी माँ इतनी कमज़ोर नहींथी जो उन सभी की बातें अपने दिल पर लगा लेती। मेरी माँ बहुत मज़बूत है बिल्कुल इस धरती माँ की तरह जिस पर कितना ही जुल्म हो, ये सब सहन कर लेती है उसी तरह मेरी माँ का दिल है।

यहाँ जुल्म शारीरिक प्रताड़ना से नहीं मानसिक प्रताड़ना से है।

सब ने कोशिश तो बहुत की कि पापा का घर न बसे लेकिन मेरी माँ के होंसलो और धैर्य के कारण उन्हें कोई अलग नहीं कर पाया और फिर भगवान की भी यही इच्छा थी क्योंकि मुझे भी तो जन्म लेना था (हंसते हुए)।

समय बीतता गया लेकिन ख़ुशी के साथ नहीं गम के साथ । अब जितना मुझे याद है उतना ही मैं शब्दों का वर्णन इस क़िताब में कर सकती हूँ।

मेरे पापा की सरकारी नौकरी थी जिसकी वजह से सभी का झुकाव उन्ही की तरफ था। कुछ लोग जलते थे इसलिए क्योंकि उनके पास वो नौकरी नहीं थी। लेकिन उन जलने वालों ने कभी ये नहीं देखा कई उस इंसान ने अपनी ज़िन्दगी में कितनी मेहनत की है और कर

रहा है। अपने तन को उसने लोहा बना दिया था। हल्का तापमान होता तो भी काम करना उसके लिए ज़रूरी था।

कारण परिवार!

मेरे पापा लेखक थे। गीत लिखते थे। मेरी तरह उनका भी यही शौक़ रहा होगा या फिर ये कहना सही होगा कि मैं उनपर गई हूँ।

लेकिन उनका ये सपना और शौक़ भी अधुरा रह गया। घर की तकलीफे । ये सिलसिला जारी था। माना कि सभी के घर में तकलीफे होती हैं लेकिन तकलीफ अगर खुद घर के लोग दें तो उसे क्या कहेंगे?

जिन भाइयों को पढ़ाया लिखाया वही भाई मेरे के बच्चों को देखकर खुश नहीं। वहीं दादी हमारी ज़िन्दगी को देख कर खुश नहीं। हालांकि होता तो यही है कि अपनी बड़ी संतान के बच्चों को देखकर सभी खुश होते हैं लेकिन ऐसा नहीं था। पापा की जरूरत किसी को नहीं थी! लेकिन पापा के पैसों की जरुरत सभी को थी क्योंकि पापा जितनी मेहनत तो किसी से भी नहीं हुयी पर पापा की कमाई सभी को चाहिए थी।

जीवन के इस उतार-चढ़ाव में मेरी माँ ने पापा का पूरा साथ दिया।

अब उस वक़्त को न ही याद करे तो ही बेहतर है। वो वक़्त इन्सान को कमज़ोर बना देता है।

लेकिन मुझे ऐसा लगता है कि बिता हुआ कल आज को मज़बूत बनाता है।

Fiction

पापा की सरकारी नौकरी से उनके रिश्तेदारों को बहुत परेशानी थी या फिर ये कहूँ कि सभी लोग जलते थे। क्योंकि परिवार में ऐसी नौकरी किसी की नहीं थी जो पापा की थी।

लेकिन पापा जितनी मेहनत भी तो किसी ने भी नहीं की।

तो उनसे ईर्ष्या करने का अधिकार उन लोगों को किसने दिया और क्यों दिया?

4
मम्मी का ऑपरेशन

उस वक़्त शायद मैं 5-6 साल की थी? जब मम्मी का पथरी का ऑपरेशन था।

मुझे याद है कि पापा हम सब का कितना ख्याल रखते थे। लेकिन कभी-कभी डांट भी देते थे क्योंकि उस वक़्त कोई हमारी मदद के लिए वहां मौजूद नहीं था और पापा ने हिम्मत नहीं हारी। लेकिन कई बार उनकी आँखों को देखकर ऐसा लगता था कि पापा को फ़िक्र है! किसकी?

बेशक मेरी! क्योंकि मैं सबसे छोटी थी और मेरे भाई-बहन मुझसे बड़े थे।

मैं न ही पापा के बिना रह सकती थी और न ही मम्मी के बिना इसलिए पापा को शायद मेरी फ़िक्र थी।

मम्मी जैसे ही हॉस्पिटल से आई तो मुझे मम्मी से दूर कर दिया गया। उस वक़्त मैं यही सोचती रही की मम्मी पहले ही इतने दिनों तक मुझसे दूर रही और अब जब मम्मी घर आई है तो मुझे उनसे और दूर कर रहे हैं।

तब पापा ने मुझे बहुत प्यार से समझाया कि मम्मी के पेट से दो पथर निकले हैं। इसलिए डॉक्टर ने उनके पेट का ऑपरेशन कर के ये पत्थर निकाले हैं और डॉक्टर ने सभी को मम्मी के पास आने के लिए माना किया है।

यहाँ भी मैं कल्पना में चली गयी। क्या मम्मी ने पत्थर खाए थे। (हँसते हुए)

पापा हम चारों भाई-बहन के लिए खाना बनाते। जब तक मम्मी ठीक नहीं हो गयी तब तक पापा और मेरी बड़ी बहनों ने मिलकर मम्मी की बहुत सेवा की।

मैं इस क़िताब में उतना ही लिखा है जितना मुझे याद है।

5
बड़ी बहन की

मेरी बड़ी बहन की शादी में हुयी थी। इस शादी में सभी मौजूद थे, परिवार के सभी लोग। शादी का जश्न बहुत बड़ा था क्योंकि ये हमारे परिवार में पहली शादी थी।

इस शादी में मेरे मम्मी-पापा ने दिल खोलकर पैसा लगाया। इतना की किसी गरीब की 5 शादियाँ हो जाती।

लेकिन ये तो पापा की मर्जी थी।

मेरी बड़ी बहन के ससुराल वालों ने उतना कुछ नहीं किया जितना मेरे पापा ने किया था। जैसा की दहेज और मान-सम्मान करना। उस वक़्त पापा को कोई ये कहने वाला नहीं था कि सोच समझ कर मान करो क्योंकि आप बेटी के ससुराल वालों को जितना दोगे उन्हें उतना ही कम लगेगा।

फिर भी पापा ने कोई कसर नहीं छोड़ी।

लेकिन उसके बाद भी दहेज़ के लालची लोगों को सिर्फ लेने के सिवा कुछ नहीं दिखाई देता था।

इस शादी में हमारे कुछ पैसे भी चोरी हुए थे। कोई घर का ही आदमी था जिसने इस काम को अंजाम दिया।

पैसे नहीं मिले तो मम्मी पापा में आपस में बहुत बहस हुयी जिसकी वजह से मेरी मम्मी को बहुत कुछ सहना पड़ा।

इतना ही नहीं मम्मी को मधुमेह का दौरा पड़ गया और तब से मम्मी बीमार रहने लगी।

आज वो लोग कुछ भी कहें फर्क नहीं पड़ता। सालों की कमायी दो दिन में पानी की तरह बह गयी और मुझे तो

ये रीती – रिवाज़ पसंद ही नहीं। बेटी वाला सबकुछ देने के बाद भी पता नही बुरा क्यों कहलाता है।

अच्छा हुआ मेरे पापा ने मुझे बहुत पढ़ाया और ऐसी मानसिक विकृति वाले लोगों से परिचित करवा दिया।

यही नहीं शादी के बाद भी बड़ी बहन बीमार हुयी तो उसे हमेशा हमारे पास भेज दिया जाता। ऐसा कई बार हुआ था। पापा ने कहा भी था कि मैंने अपने बाकि बच्चों का भविष्य भी देखना है ऐसे कब तक चलेगा।

लेकिन अक्लमन्दों ने यहाँ भी पापा की गलती निकाल दी। मुझे ऐसे लोगों से बहुत नफरत होने लगी थी जो पापा के सामने कुछ और कहते थे और बाद में पापा की बुराई करते थे।

दीदी के ससुराल में मैंने दीदी के ससुर को पापा की बुराई करते हुए सुना। मुझे बहुत बुरा लगा।

6
छोटी बहन की

बात यहाँ तक सीमित नहीं थी। जब छोटी बहन की शादी हुयी तो भी हालात ऐसे ही बने हुए थे। वही परिवार पापा पर हावी रहता था।

यहाँ भी पापा और मम्मी के बीच बहुत बहस हुयी।

कईबार ऐसा लगता कि एक मैं ही वो जरिया हूँ जिसने मम्मी-पापा को जोड़ कर रखा।

लेकिन परिवार में कभी किसी ने ये नहीं सोचा कि इसका असर एक बच्चे पर क्या पड़ेगा। फिर भी जितना मम्मी पापा ने खुद को संभाला है और हर मुसीबत का सामना करा है उतना किसी ने नहीं किया।

मम्मी बीमार रहती थी इसकी परवाह शायद किसी को नहीं थी कि उन्हें किसी भी तरह की चिंता नहीं होनी चाहिए। बावजूद इसके उन्हें हर तरफ से सिर्फ ऐसी ही ख़बरें मिलती कि वो फ़िक्र किये बिना नहीं रह सकती थी।

अब मैं तो बेटी हूँ कैसे उनकी ये हालत देख सकती थी। इस तरह फिर से मुझे इस परिवार से नफरत होने लगी जो बहुत ही मतलबी था।

क्योंकि इस परिवार में कुछ लोग ऐसे भी थे जो शायद ये चाहते थे कि मम्मी-पापा में से एक इस दुनिया से चले जाना चाहिए।

छोटी बहन की शादी को कुछ महीने ही हुए थे कि उनके ससुराल वालों ने उनपर कुछ चीजें न देने के लिए मेरे पापा को गलत कहा और मेरी बहन कि सास ने भी मेरी मम्मी के साथ बुरा बर्ताव किया। मैं उस चीज़ को नहीं भूल सकती कि एक इंसान ऐसा कैसे हो सकता है। सभी लालची है सभी को पैसा चाहिये सभी को!

क़िस्सा इतना बड़ा है कि इसे न ही याद करे तो ही बेहतर है लेकिन यहाँ भी मम्मी पापा ने अपनी समझदारी से बात संभाल ली।

7

पापा की प्रमोशन

वैसे पापा की प्रमोशन पहले ही हो जाती लेकिन घर के कुछ हालात ऐसे थे कि जिससे पापा का ध्यान कभी इस चीज़ पर नहीं गया कि वो कुछ कर सके।

मेरे पापा क्लर्क बनने से पहले बैंक में मजदूर थे। पापा लोहे की तेज़ पट्टियों को हथोड़े से निकाल कर उन्हें अलग करते थे।

उस समय मेरा बी.ए. का दूसरा साल था। पापा क्लर्क बनने के लिए बहुत मेहनत कर रहे थे। कुछ चीजे पापा हमसे भी पूछते थे।

एक दिन पापा बैंक में काम कर रहे थे और उनकी आँख मैं लोहे की एक पतली तीखी तार चली गयी। ये दिल दुखाने वाली घटना थी क्योंकि पापा क्लर्क बनने की

तैयारी कर रहे थे और ऐसे आगे तैयारी कैसे होगी?

लेकिन मेरे पापा हिम्मत नही हारे और उन्होंने बहुत मेहनत की, नतीज़ा पापा का ऑल इंडिया में 25वां रैंक आया।

जैसे ही पापा को ये पता चला पापा की ख़ुशी का कोई ठिकाना नहीं था। उन्होंने सबसे पहले मुझे गले लगाया और इस ख़ुशी को सभी के साथ साझा किया। मिठाई के बड़े-बड़े डब्बे सभी को बांटे और गाँव में सभी के लिए बहुत कुछ ले गए।

इस बीच मेरी कविता भी कॉलेज की बुक में प्रकाशित हुयी जिसे देखकर पापा बहुत खुश हुए। मेरी तरफ़ से ये छोटी-सी मुस्कान देखकर मैं बहुत खुश हुयी और मैंने सोचा की अब मैं किसी के लिए नहीं सिर्फ और सिर्फ अपने माँ-बाप के लिए जिउंगी सिर्फ उनकी सेवा करूँगी।

कुछ महीनो के बाद पापा को भी शुगर बता दी गयी। शायद उनकी ख़ुशी को नज़र लग गयी थी। मम्मी भी बीमार रहने लगी थी। इस बीच कॉलेज से मेरी बहुत सारी छुट्टियाँ होने लगी थी और इसका असर पढाई पर भी हुआ था।

घर में कुछ अजीब-सा हो रहा था। अचानक मम्मी की कमर में दर्द होने लगा था। बहुत से टेस्ट करवाए लेकिन वो दर्द ठीक नहीं हुआ।

अब घर में तो मैं ही रहती थी तो मम्मी-पापा की तकलीफ का अंदाज़ा भी मुझे ही था।

और मेरे भाई बहनों को तब भी सिर्फ अपनी ही फ़िक्र रहती। मेरी बड़ी बहन ने तो मेरे पापा को यही कह दिया कि मुझे इतना पढ़ाने की जरूरत नहीं। लेकिन मेरे पापा की सोच मेरे भाई-बहनों से बहुत अच्छी थी। इसलिए मेरे पापा ने उनकी बिल्कुल नहीं सूनी। हाँ, मेरे पापा चाहते थे कि मैं पढ़ लिख कर अफसर बन जाउं और मेरी भी यही सोच है कि जिस माँ-बाप ने हमें बड़ा किया है और पालन-पोषण किया है उन्हें भी पने माँ-बाप के लिए कुछ करना चाहिए। हर चीज़ का हल शादी नहीं है।

8
भाई की शादी

भाई की शादी से पहले मम्मी चाहती थी कई पहले मेरी शादी हो जाए लेकिन पापा चाहते थे कि मैं सिर्फ अपनी पढाई पर ध्यान दूँ।

उस समय मैंने मास्टर में दाखिला लिया था हालाँकि मैं बैंक की परीक्षा की तैयारी करना चाहती थी। लेकिन पापा चाहते थे कि मैं पीएचडी करूँ। अब जैसा पापा चाहते थे मैंने भी वैसा ही किया। मैं दिल लगा कर पढने लगी थी और मैंने मास्टर्स में टॉप भी किया। यह देखकर पापा बहुत खुश हुए। फिर कुछ दिनों में कॉलेज की तरफ से मेरा नाम कॉलेज की वार्षिक पुस्तिका में आने लगा। यहाँ से पापा ने मुझे समर्थन देना शुरू कर दिया। मेरी पढाई पूरी होने वाली थी सिर्फ फाइनल एग्जाम की देरी थी।

दूसरी तरफ भाई की शादी की बात तय हो गयी। शायद पापा ने सोचा की अब ज्यादा फ़िक्र करने की जरूरत नहीं इस तरह घर में एक नया सदस्य आ जायेगा और मम्मी भी अकेली नहीं रहेगी।

मेरे भाई की शादी फ़रवरी में तय हो गयी। सभी खुश थे और पापा भी लेकिन यहाँ मम्मी बीमार थी बहुत ज्यादा। मुझे याद है कि यहाँ भी उनकी फ़िक्र सिर्फ मुझे थी और बाकि सब अपना एन्जॉय कर रहे थे।

पापा मेरी बात सुनते थे और कई बार मानते भी थे शायद उन्हें उसमे कुछ बेहतरी लगती होगी। मैंने पापा से कहा

"पापा इस शादी में ज्यादा पैसा खर्च मत करना"

पापा ने कहा, " मेरा तो एक बेटा है, शादी तो एक बार ही करनी है।"

2020 जहाँ कोरोना और lockdown शुरू होने वाला था।

ज़िन्दगी का ऐसा साल जिसने न जाने कितनो की दुनिया तबाह कर दी।

उस समय पापा ने सोचा कि बस शादी अच्छे से निपट जाए।

बारात जहाँ गयी वहां ठीक से किसी भी चीज का इन्तेजाम नहीं किया गया था और न ही पानी पीने के लिए था। ये देखकर पापा को अच्छा नहीं लगा कि एक तो बारात इतनी दूर लेकर गए हैं और ठीक से पानी का इन्तेजाम नहीं। बारात में मैं भी मौजूद थी, देखकर ऐसा लाग रहा था जैसे यहाँ शादी हो ही नहीं रही थी यहाँ आकर थोड़ा अजीब सा लग रहा था।

मैंने अपने पापा का चेहरा देख लिया था। एक आदमी इतना पैसा खर्च करता है और आगे जाकर ये सब देखने को मिले, बहुत बेज्ज़ती वाला काम लगता है।

मेरे पापा के नसीब में कभी खुशियाँ थी ही नहीं। पहले वाली शादियाँ भी ऐसे ही थी और इस शादी ने तो बहुत सोचने के लिए मजबूर कर दिया। ऐसा लग रहा था कि हम कहीं आकर फंस गए हो।

“वहां पापा का मुझे फ़ोन आया और पापा ने कहा बेटा यहाँ इन लोगों ने कुछ ठीक इंतजाम नहीं किया और न ही किसी चीज की तसल्ली है। फेरों के लिए भी देर कर रहें है।”

और मुझे भी ये सब देखकर बहुत गुस्सा आ रहा था।

इतना ही नहीं जो बाद में हुआ उसे देखकर तो और ज्यादा।

बहुत ही अजीब लोग थे। न खाने का ढंग था और न ही बोलने का। उनकी बेटी की शादी है देखकर लग ही नहीं रहा था। ऐसा लग रहा था जैसे यहाँ कोई तमाशा हो रहा है।

इतना तो अंदाज़ा हो गया था कि वो अपनी बेटी के नहीं तो हमारे कैसे हो सकते हैं।

दूसरी तरफ मम्मी के साथ बुआ की बातचीत हो रही थी। मम्मी की तबीयत ठीक नहीं थी। उन्हें टाइफाड था। लेकिन फिर भी मेरी मम्मी ने पीछे से सारा घर संभाला।

शादी के अगले दिन रिसेप्शन की पार्टी थी। सभी तैयारी हो रही थी। जैसा की लाखों का सामान तैयारी के लिए सेलेक्ट किया गया था वैसा ही सामान आया।

लेकिन ठीक शाम के वक़्त ऐसा मौसम बिगड़ गया जैसे भारी बारिश होगी। सामान भीग रहा था। ये देखकर पापा को बहुत दुःख हुआ। रिश्तेदार फ़ोन करके मज़ाक कर रहे थे। हम सभी ठीक से तैयार भी न हो सके। लेकिन देखो खुदा का कैसा करम हुआ हम पर जैसा मौसम था वैसी बारिश हुयी ही नहीं और सब कुछ ठीक-ठाक निपट गया। लेकिन मम्मी-पापा की तकलीफ मुझसे देखी नहीं जा रही थी।

जब इतना कुछ करने के बाद भी इंसान को दुःख-तकलीफ मिले तो इन सब चीजों का कोई फायदा नहीं

9

उनका नाम राजकुमारी

नाम और किरदार में हमेशा से फर्क रहा है। किसी का नाम रोशनी रखने से वो सच में रोशनी नहीं बन जाता। इसी तरह मेरी माँ का नाम राजकुमारी है लेकिन जीवन उनका राजकुमारी जैसा नहीं रहा।

मेरी माँ 5 साल की थी जब मेरे नाना-नानी ने उन्हें बॉमबे भेज दिया था। बहुत कम उम्र थी मम्मी की और बॉमबे उन्हें उनकी मौसी के घर भेज दिया गया था क्योंकि मौसी के घर कोई बच्चा नहीं था इसलिए मम्मी को वहां भेज दिया गया था। लेकिन मम्मी के जाने के ठीक डेढ़ साल बाद मौसी के घर ख़ुशी आ गयी और मौसी ने एक लड़की को जन्म दिया।

उस दिन के बाद से मौसी का रवैया मम्मी की तरफ से बिल्कुल भी अच्छा नहीं रहा। मम्मी ने बताया की वो सिर्फ मम्मी से काम ही काम करवाती थी।

उसके बाद मेरे नाना जी मेरी माँ को वापिस अपने घर ले आये जिससे मेरी नानी थोड़ी – सी नाराज़ रहने लगी थी।

ग़रीबी बहुत ज्यादा थी और नाना जी की 7 बेटियां थी जिसमें से 2 बेटी की मौत हो चुकी थी। मेरी मम्मी की 2 बहन और थी जो मम्मी से छोटी थी। लेकिन नाना जी ने कभी हिम्मत नहीं हारी और न ही कभी अपनी बेटियों को बोझ समझा।

वहीं दूसरी तरफ नानी को चाहिए था कि वो सिर्फ अपनी बेटियों से काम करवाएं ताकि उन्हें आर्थिक सहायता मिल सके।

कुछ दिनों के बाद मम्मी दिल्ली चली गयी। जहाँ मम्मी ने बहुत काम किया। उस वक्त मम्मी आत्मनिर्भर हो गयीं। कुछ बाहर से मम्मी को सहयोग मिलने लगा जहाँ मम्मी काम करती थी वहां की एक महिला मम्मी का बहुत ध्यान रखती थी।

यहाँ अगर देखा जाए तो मम्मी-पापा ने बहुत मेहनत की थी। दोनों ही आत्मनिर्भर थे लेकिन उन्हें समर्थन देने वाला कोई नहीं था।

मम्मी की पापा से शादी होने के बाद मम्मी ने यहाँ भी बहुत काम किया। मेरे चाचा और बुआ को मिलाकर करीब 11 लोग थे जिनका काम अकेली मम्मी ही किया करती थी। लेकिन देखिये उनका नाम नाना जी ने राजकुमारी रखा था जो उनकी ज़िन्दगी से बिल्कुल अलग था।

ये ज़िन्दगी की सच्चाई है और ऐसी घटनाएं हर किसी की ज़िन्दगी में घटित होती रहती है। इससे भी बुरा होता है लेकिन एक इंसान अपनी खुशियों को दूसरों के लिए कुर्बान कर दे और अपने लिए जिए ही न।

पापा और मम्मी में ये समानता मैंने देखी है कि कैसे दोनों सब्र रखते थे। कभी किसी मेहमान को घर से भूखा नहीं भेजते थे। सभी को अपना समझते थे।

लेकिन ऐसे गुण मैंने अपने भाई-बहन में नहीं देखे। न ही बड़ी बहन में और न ही छोटी बहन में।

मम्मी ने बीमार रहते हुए भी काम किया है।

कितना दुःख झेला है मम्मी-पापा ने शायद परिवार में कोई और सहन न कर सके।

10

वो

लेकिन मैंने मम्मी-पापा के साथ वो ख़ुशी के पल जिए है जो शायद और किसी ने नहीं। पापा से सभी डरते थे लेकिन धीरे-धीरे पापा को जानने के बाद उनसे मेरा डर जाता रहा।

2-3 सालों से मुझे सिर्फ ये एहसास होता कि पापा और मम्मी की सिर्फ मैं ही एक संतान हूँ। पापा जब भी मेरे भाई को कुछ समझाते तो उस शिक्षा का सबसे ज्यादा असर मुझ पर होता। ऐसा लगता पापा मुझे कह रहे हो।

भाई की शादी में मैं पापा के साथ खड़ी रही और जैसे पापा बोलते गए वैसे ही करती रही। पापा ने मुझे एक जिम्मेदारी दी थी जिसमें मैं खरी उतरी और जब पापा ने इसकी तारीफ़ की तो जैसे मुझे जन्नत नसीब हो गयी हो। क्योंकि उस इंसान की जुबाँ से निकले हुए तारीफ़ के लफ्ज़ हर किसी को नसीब नहीं होते थे। लेकिन इतनी

समझदार होने के बाद भी मेरा बचपना नहीं गया।

पापा चाहते थे कई मैं अफसर बनूँ खैर कोशिश आज भी जारी है।

पापा ने भाई की शादी में अपने ऑफिस से कई अफसर को बुलाया था। पापा चाहते थे की मेरे भाई-बहन भी उनसे मिले लेकिन पता नहीं पापा ने क्या सोच कर सिर्फ मुझे ही उन अफसर अंकल से मिलवाया। पापा कहीं न कही मेरी रेस्पेक्ट करने लगे थे। कई बार पापा ने मुझसे आप करके बात की थी।

ये बहुत अच्छा एहसास था शायद पापा को यकीन था की मेरी बेटी कुछ करेगी।

मैंने अपने पापा का कभी विश्वास नहीं टूटने दिया।

"शादी तो एक दिन का खेल है, कुछ बनकर दिखाओ बेटा मुझे तो आप से ही उम्मीद है।"

आज भी ये लफ्ज़ मेरे ज़हन में मौजूद है और सच ऐसा लगता है की हम इतनी मेहनत अपने माँ-बाप के घर करते हैं और शादी करके वो मेहनत खराब हो जाती है। लोगों की सोच बहुत खराब हो गई है।

शादी ज़िन्दगी का अहम हिस्सा है इस पर जल्दबाजी में फैसला नही लिया जा सकता और फिर पापा ने कभी बेटा-बेटी में फर्क नहीं किया।

मुझे तो पापा ने पूरा सपोर्ट किया था और मम्मी भी सपोर्ट कर रही है।

लेकिन दिल में एक खौफ़ है कि जिनसे मैंने सबसे ज्यादा मोहबब्त की ख़ुदा उन्हें मुझसे छीन रहा है।

मेरा फाइनल एग्जाम वाले दिन मेरे पापा इस दुनिया को छोड़ गए। उस वक़्त पापा का शव घर में नहीं आया था। फिर भी हिम्मत करके मैंने अपना एग्जाम दिया क्योंकि ये मेरे पापा का सपना था।

मेरी दुनिया

ये सब याद करते हुए मेरे आंसू तो नहीं रुक रहें लेकिन फिर भी मैं ये कहूँगी की ये दिन हमेशा मुझे अन्दर से मज़बूत बना कर रखेगा।

क्योंकि मैं तो अपने पापा का शेर बच्चा हूँ और शेर कभी घबराते नहीं।

वाकई ज़िन्दगी से कुछ नहीं चाहिए लेकिन हाँ माँ-बाप चाहिए क्योंकि सबसे बड़ी दौलत माँ-बाप

है और कोई नहीं!

आप इनसे लड़िये या प्यार करिए ये फिर भी आपके रहेंगे खुदा की तरह क्योंकि खुदा का नूर है इनमें।

मेरी दुनिया तो वक़्त से पहले ही उजड़-सी गयी। मुझे मालूम नहीं था की जिस मोहब्बत में मैं मशगुल थी खुदा को वो मंज़ूर नहीं थी।

अक्सर लोगों को दुसरी मोहब्ब्त में बर्बाद होते देखा है लेकिन मैं कैसे बताउं की मुझे सिर्फ अपने माँ-बाप से मोहब्बत थी और किसी से नहीं।

यहाँ से मालूम होता है कि सच्ची मोहब्बत कभी मुक्कमल नहीं हो सकती। कभी नहीं!

www.ingramcontent.com/pod-product-compliance
Lightning Source LLC
LaVergne TN
LVHW041637070526
838199LV00052B/3421
* 9 7 9 8 8 8 6 8 4 9 0 2 8 *